VENTE
Des Jeudi 21 et Vendredi 22 Juin 1894
HOTEL DROUOT, SALLE N° 2

A DEUX HEURES UN QUART

BEAUX
Meubles Anciens
DU XVIIIᵉ SIÈCLE

Salon en tapisserie du temps de Louis XVI

OBJETS D'ART ET DE CURIOSITÉ

Bronzes Louis XIV, Louis XVI et Iᵉʳ Empire

Sculptures, Tableaux

TAPISSERIES

Meubles et Objets divers de Style

Bijoux, Argenterie, Étoffes anciennes

Mᵉ G. BOULLAND	M. A. BLOCHE
Commissaire-Priseur	*Expert*
26, Rue des Petits-Champs, 26	25, Rue de Châteaudun, 25

CHEZ LESQUELS SE DISTRIBUE LE PRÉSENT CATALOGUE

EXPOSITION PUBLIQUE

Le Mercredi 20 juin 1894, de 2 heures à 6 heures

IMPRIMERIE ARTISTIQUE

E. MÉNARD & Cie

Bureaux et Ateliers: PARIS — 8, RUE MILTON

VENTE

Des Jeudi 21 et Vendredi 22 Juin 1894

HOTEL DROUOT, SALLE N° 2

A DEUX HEURES UN QUART

BEAUX

Meubles Anciens

DU XVIII° SIÈCLE

Salon en tapisserie du temps de Louis XVI

OBJETS D'ART ET DE CURIOSITÉ

Bronzes Louis XIV, Louis XVI et Iᵉʳ Empire

Sculptures, Tableaux

TAPISSERIES

Meubles et Objets divers de Style

Bijoux, Argenterie, Étoffes anciennes

Mᶜ G. BOULLAND	**M. A. BLOCHE**
Commissaire-Priseur	*Expert*
26, Rue des Petits-Champs, 26	25, Rue de Châteaudun, 25

CHEZ LESQUELS SE DISTRIBUE LE PRÉSENT CATALOGUE

EXPOSITION PUBLIQUE

Le Mercredi 20 juin 1894, de 2 heures à 6 heures

CONDITIONS DE LA VENTE

La vente sera faite *expressément* au comptant.

Les acquéreurs payeront en sus des adjudications *cinq pour cent.*

L'exposition mettant le public à même de se rendre compte de l'état des objets, il ne sera admis aucune réclamation une fois l'adjudication prononcée.

Paris. — Imp. artistique E. Ménard & Cⁱᵉ, 8, rue Milton.

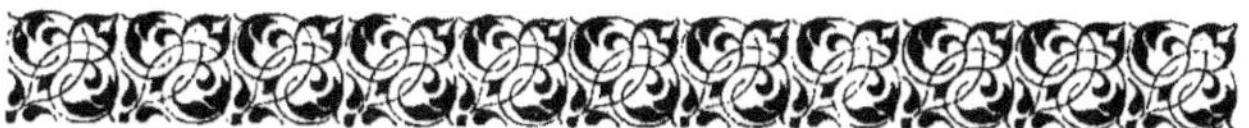

Meubles, Objets d'Art, Tableaux, Tapisseries

1 — Ameublement de salon en bois sculpté.
Epoque Louis XVI, couvert en tapisserie
du temps, représentant les Fables de La
Fontaine, composé d'un canapé et quatre
fauteuils.

2 — Deux fauteuils en bois sculpté et doré
couverts en tapisserie, représentant les Fables
de La Fontaine. Epoque Louis XVI.

3 — Deux fauteuils en noyer sculpté, couverts
en tapisserie représentant des pavots. Epoque
Louis XIV.

4 — Deux fauteuils en bois laqué blanc, couverts en étoffe de fantaisie fond noir à fleurs.
Epoque Louis XVI.

5 — Très belle armoire à glace biseautée, en chêne richement sculpté, décor fleurs et arbustes. Epoque Louis XVI.

6 — Armoire en bois de rose à portes pleines, dessus en marbre. Epoque Louis XVI.

7 — Grande armoire normande en chêne sculpté. Epoque fin Louis XVI.

8 — Commode en bois de rose et violette à deux tiroirs, ornée de bronzes, dessus en marbre. Epoque fin Louis XVI.

9 — Beau bureau à dos d'âne en chêne sculpté. Epoque Louis XV.

10 — Console en bois sculpté et doré, dessus en marbre. Epoque Louis XIV.

11 — Bureau bonheur du jour, en bois de rose. Epoque Louis XVI.

12 — Toilette à trois tiroirs, pouvant former bureau, en bois de violette. Epoque Louis XV.

13 — Petit bureau-secrétaire en bois de rose à trois tiroirs. Epoque Louis XV.

14 — Jolie vitrine en chêne sculpté. Style Louis XV.

15 — Garniture de cheminée en bronze. Epoque Iᵉʳ Empire.

16 — Paire de candélabres en bronze, formés par des statuettes de femmes ailées, à quatre lumières. Epoque Empire.

17 — Plusieurs paires de candélabres. Epoque Iᵉʳ Empire, en bronze doré.

18 — Flambeaux en bronze doré. Epoque Empire.

19 — Belle pendule en bronze. Epoque Empire : Le Char de l'Amour.

20 — Suspension formée d'un vase en faïence, anses formées par des cariatides d'enfants, en bronze doré Louis XVI.

21 — Lustre à six lumières, en bronze patine verte. Epoque Empire.

22 — Buste en marbre : Portrait d'homme.

23 — Boîte en ivoire.

24 — Fauteuil en bois sculpté. Epoque Louis XIV. Couvert en tapisserie au point.

25 — Horloge en chêne sculpté. Epoque Louis XVI.

26 — Glace de Venise. Style Louis XIII.

27 — Grande glace, cadre en bois sculpté et doré. Epoque Louis XIV. Travail italien.

28-29 — VAN DER POEL. *La promenade en traîneau. La pêche.* Deux pendants.

30 — COBO. *La distribution des médailles à l'exposition de 1855.* Grand et curieux tableau, à nombreux personnages.

31 — Écran en acajou orné de bronzes, panneau en soie verte. Epoque Empire.

32 — Paire d'appliques en bronze doré. Epoque Louis XIV.

33 — Petite chaise à porteurs en cuivre émaillé.

34 — Table toilette en noyer. Epoque Directoire.

35 — Psyché en acajou. Epoque Empire.

36 — Deux fauteuils cannelés. Epoque Louis XIV.

37 — Grand fauteuil en chêne sculpté, couvert en tapisserie au point, représentant des grenades.

38 — Guéridon, décor genre vernis Martin, Louis XVI.

39 — Petite table genre vernis Martin, Louis XV.

40 — ÉCOLE HOLLANDAISE. *Les Fumeurs.*

41 — ECOLE ANCIENNE. *L'offrande à l'Amour.* Gouache.

Cadre ancien en bois sculpté.

42 — ECOLE ANCIENNE. *Autel de la Liberté française.* Gravure coloriée.

Cadre ancien en bois sculpté.

43 — ECOLE ANCIENNE. Deux petites marines sur cuivre.

44 — Vases en cristal taillé.

45 — Paire de lampes en cristal taillé. Epoque Louis XV.

46 — Pendule en bronze doré. Epoque Empire. L'Amour sortant d'une rose et offrant sa flèche à Vénus.

47 — Levrette en bronze.

48 — Cerf en bronze.

49 — Paire de girandoles en bronze doré, à quatre lumières. Epoque Empire.

50 — Service en ancienne porcelaine de Sèvres, fond bleu, blanc et or, composé d'un compôtier et douze assiettes.

51 — Nombreux plats, assiettes et vases, en faïence et porcelaines diverses.

52 — Groupe de trois enfants en terre cuite.

53 — Paire de grandes colonnes en chêne sculpté.

54 — Console en acajou, ornée de bronzes dorés. Epoque Empire.

55 — Tapisseries verdures à personnages, animées d'oiseaux, avec bordures.

56 — Petit bureau à dos d'âne, en palissandre, orné de bronzes. Epoque Louis XV.

57 — Bureau-vitrine en palissandre. Epoque Louis XVI.

58 — ÉCOLE ANCIENNE. *Scènes guerrières.* Deux tableaux ovales.

59 — Table de nuit chiffonnier, en chêne sculpté. Epoque Louis XIII.

60 — Lot d'étoffes anciennes.

61 — Table en bois noir sculpté, ornée de têtes d'éléphants et de tapisseries.

62 — Fauteuil en soie brochée.

63 — Rideaux en soie brochée, fond noir.

64 — Suspension en bronze de Denière.

65-68 — Grands vases de Chine, de Savone et autres fabriques italiennes.

69 — Plats longs de Chine.

70 — Assiettes de Chine.

71 — Plat de Rouen, ancien.

72 — Oiseau ancien.

73 — Plat faïence ancienne.

74 — Grand plat, décor bleu ancien.

75 — Psyché en bois noir et or.

76-78 — Cache-pot, abat-jour, porcelaines diverses.

79-80 — Statuettes, bustes en marbre.

81-120 — Porcelaines de Saxe, Chine et Japon ;
vases, potiches, jardinières, groupes, figu-
rines, plats, assiettes.

121-138 — Bronzes japonais et chinois.

139-160 — Bijoux enrichis de diamants et de
pierres de couleurs : bracelets, broches, bou-
cles d'oreilles, bagues, épingles de cravate.

161-200 — Tableaux anciens et modernes, minia-
tures.

201-220 — Appareils d'éclairage, suspension de
Denière, coffre-fort, objets divers, etc.

221-230 — Meubles anciens et de style.